Francisco Marín Vargas

DE BARRO Y SILENCIO

Breve recopilación

© Francisco Marín Vargas - *De barro y silencio*

© Editorial La Rueca

ajimenez@editoriallarueca.com

www.editoriallarueca.com

Primera edición: enero 2024

Maquetación: Almudena Jiménez

Diseño de cubierta: Francisco Nobrega

Ilustración interior: Carmelo De La Torre López

ISBN: 978-84-19865-53-3

Depósito Legal: M-2230-2024

Impreso en Madrid - España - UNIÓN EUROPEA

(…) Se disiparon las brumas,
pienso que ya amaneció.

Joaquín Borge

Prólogo

La interpretación de la palabra es la forma más auténtica e inevitable que nos lleva automáticamente a pensar en la manera de estudiar al ser humano, tan complejo en su naturaleza, pero que con una buena motivación nos lleva a la reflexión y análisis de uno mismo.

Toda manifestación artística es el reflejo del alma.

Esta recopilación resalta el sentir y la conciencia, llevándonos a buscar siempre esa paz interior a la que muchos llaman felicidad, esa sensación de llevarte de un lado a otro en un sólo salto.

Rencores abrazados a un perdón, colores infinitos y emociones caóticas, reflexiones emocionantes que forman parte de un ser libre, real, agradecido, luchador, noble, de no darse por vencido, y aún más, muy conciso en su pensar y sentir.

En cada frase y pensamiento, la mente libera su más eficaz y forma de libertad, y la naturaleza, como el más ferviente y fiel amigo, abre los brazos, y de una manera mágica te hace saber que a su lado eres libre, dejándote con el sentir único del agradecimiento y al mismo tiempo, reconfortado y fuerte para seguir luchando y viviendo tu sueño.

Héctor Jaime Sandoval Urbano

Nota de autor

Dar a conocer esta breve recopilación de poemas, nace de la idea de crear un espacio y lugar en el que puedan respirar sin ataduras aquellos versos que fueron separados por el simple capricho del tiempo. Dándoles aire renovado con la entrega de varios poemas inéditos, y que sin orden aparente, se cruzan entre sí conviviendo con los demás en serena armonía.

Un abismo existente disipado en esta composición.

Varios arroyos que se unen para ser río.

Poemarios que componen esta breve recopilación

- Vestido de poeta
- Los Lugares Del Alma
- Quien habita en mí
- Transparencias en el tiempo
- Llamémosle vida

Se incluye en esta recopilación varias composiciones inéditas.

A Marga

(…) Hacerme invisible.
Desaparecer.
Ocultarme en la luz de las palabras calladas.

Fragmento del poema "Desaparecer"

Sólo soy barro
deslizándose hacia otro pozo.

Imagínate que regreso a la luz.
Imagínate algo más.
Como si de un atardecer fuese el color.
Como si la figura, el dibujo.
Como si atrapado, unido,
no pudiese separarse,
no quisiera escapar de la materia,
de los lugares del alma.

Cerrar la mirada y conocernos en la ceguera.
Prepararnos para el recibimiento.
Aproximarnos al murmullo,
a la meditación.
Una sola hebra de luz
                sostiene este inmensurable día.

Sólo este instante: el amanecer.
Hay poco más,
cerrar los ojos y entregarse a su evidencia.

No digo luz,
hablo de su interior,
de la transparencia
que los ojos nos oculta,
ese vacío repleto de todo.
No digo luz,
ya dejó de ser luz,
ahora es ancho
de nuestra ceguera.

No somos más que tiempo en fugaz existencia.
Imagen imaginada de uno mismo.
Recurso
de lo que en algún sueño alcanzamos
o resto de lo alterado.

Aún estando en el barro
cada madrugada parece memoria.
Cenizas de silencio.

Mira mi muerte.
Mis brazos entregados
en grave herida de tiempo.
Si respiro por promesa,
acaricio el pestañeo de la noche,
doy todo a quien busca lo ajeno.
Si primero entrego la lágrima,
luego el beso infinito,
alcanzando la máxima libertad,
aún sabiendo de su extremismo.
Como huésped mi latido
cava la amada tierra,
sin vértigo,
en hondo pensamiento,
sin temor.
Si la brisa la hoja el canto.
Si la niebla o el humo
que esparce el alma.
Si ojos con fiebre
del olvido de mi pecho nacen.

Si mi ausencia,
ahora paisaje,
poesía de un leve momento.
Si mi raíz ahora corteza,
al final del tercer mes,
ya no brota.
Si el pasado, el misterio,
el dibujo de mi cuerpo en el aire,
como aquél ángel caído,
hermoso al fin.
Si todo recuerdo ya es efímero.
Si la decadencia se apropió una vez más
de las palabras,
de los labios y el sentido.
Si en el agua que limpia la mañana.
Si en el muro de hiedra,
en la tosquedad del breve latido.
Si en el rostro preso de la mirada
persiste la mortal agonía,
…insisto yo,
hágase la voluntad del firmamento,
que en inspirada elevación
mis sentimientos sean entregados
al fuego y a la tierra
y apaguen mi luz.

Ahora,
pues sembrada la semilla,
disipada la tormenta,
escondido el hueso en su cueva.
Ahora pronunciada la palabra
última del grito.
Todo se dijo,
ya no quiero hablar.

En la profundidad del amanecer,
alcanzando el inicio del despertar,
recorre mi sombra las habitaciones
de hogueras encendidas.
Leve claridad que devuelve la casa
al silencio de su memoria.

Lo abierto; esa explosión de luz negra
que nos entrega transparencias en el tiempo.
Una disolución de espacio
y de lo profundo que se nos rinde.
Ese saber que estamos.

No el sentir, es vivir siendo.
Y si es comienzo,
acaso camino.
Si hay encuentro con lo demás,
estrechez en la palabra.
No el sentir, haber estado,
esa es la manifestación.

Ignorada la palabra
fui desterrado al olvido,
empujado al abismo del suicidio
de la voz callada.
Nadie en el tiempo
tuvo tan poca libertad de recuerdos,
ni tanta muerte
entre sus labios.

(…) En mi despedida
taparé el sol con un dedo
y cerraré la mirada,
aceptando que la oscuridad
no deja de ser otro vacío,
una falta de luz,
ausencia.

Fragmento del poema "Enfrentado a la edad"

Mis palabras
son el silencio que está por llegar
a este vasto desierto
que en mí va quedando.

Un día regresaré al mismo lugar,
a esa profunda imperfección que fui.
Cerraré los campos
y bajo cielos olvidados
dormitarán enfermas alas
custodiadas por las primeras lluvias de la lejanía.
Sobreviviré al retraso de siglos de ceguera
hundiendo los dedos en el hueco
de un pecho repleto de humo
y de quebradizo vuelo de esporas.

Sólo el murmullo de lo lejano,
la brisa de mis estaciones.
La luz apagada,
la casa entregada
a la oscuridad de sus paredes.
Observar mientras duermo
que todo recupera su orden.
Ser abandono para ver,
ser parte de él,
vivir en él,
ser silencio para vivir.

Desaparecer,
que la luz se olvide de mí.
Mis manos, mi piel,
desaparecer.
Que ni tan siquiera quede lo que fui,
mi ayer.
Olvidar,
dejar de pensar, estar.
Y de repente
…oír crujir la madera.
No sentir miedo, sino libertad.
-También tiene días grises en sus olas el mar-.
Poética al abandono,
quizás.

Hay un mordisco que duele más,
un desnudo en el espejo roto
de los huesos que fui.

Puedo estar muerto
y sentir cómo diluyen mis fluidos
en el ámbar de la tierra que me penetra,
escudriñando las sombras
en busca de resquicios de luz antigua.
Puedo y debo derramar la verdad,
y que mis ojos que ya no ven
se alcen un palmo sobre la hierba
que cubre y da sepultura a mi fracaso,
y que observen
para ser testigos mudos de que aún existo,
al menos,
para los miles de insectos que viven de mí.

En éste andar aún no andado.
En este andar de irnos yendo
sin el suicidio de las horas.
Este incendio del alma.
Este estar llegando
que desde el retiro se me abraza.
Este día que se aleja
sin tocarnos la carne,
rozando los bordes de la herida,
siendo acaso destello
de una luz oscura,
separada del resto
en instante de pérdida,
de la que nunca logramos salvarnos.

Amanecemos de la oscuridad
en estado de confusión
como cuerpos desprendidos del volumen,
arrastrados a la grieta de la conciencia.

Es luz,
camino aún sin pasos.
Es temblor y grieta;
llamémosle vida.

(…) El humo de la hoguera
nos devuelve al silencio.
La noche hace callar las voces.
No recuerdo el lugar del que provengo,
pero mi nombre ya es un árbol.

Fragmento del poema "No recuerdo el lugar del que provengo"

Ya cansado de ser quien no seré,
regreso a mi tumba.
A la profundidad de la tierra amada,
al silencio de las palabras.
Dejo arriba,
estatuas con nombres y musgo de otro tiempo,
a la madre, al hermano.
Pueblo donde nací,
aquí me tenéis,
ausente junto a ustedes,
en este osario que fue mi cuerpo,
sabiendo que algún día,
alguien,
atraído hacia el vacío,
regrese al cementerio
para ver crecer mis huesos,
y me abrazará
sin consentimiento ni deseo.

Seré polvo a la vez que raíz,
sombra a la vez que espada,
hueso a la vez que olvido.

Mi piel,
       mis manos mis ojos,
mis huesos,
       nada me pertenece.

No he vivido una vida grande,
sólo se insinuaban las noches
restableciendo en mí un orden.
¿Qué motivo me indujo
a desviarme del camino?
¿A sentir que una sola gota de lluvia
puede seguir siendo hermosa,
aún estando lejos de la tormenta?

La muerte es eso otro a lo que nos aferramos
cuando lo nuestro es puro abandono,
cuando encallamos en la lejanía de lo acabado
y sólo es descanso lo que nos habita.

Atravieso distancias
y descubro otras vidas
en mitad de la noche.
No busco camino.
No busco motivo.
Es un modo de habitar lo desconocido
en ese estado de nunca saber.

Besar la luz
y que el agua muera en mí.

Hay un barro que se quiebra y quiebra al mundo mientras recorre la cavidad de su aleteo.

Cierro la puerta,
dentro, sólo paredes.
Afuera, vacío que envuelve,
comienzo para otra oportunidad.
Existe otra orilla al otro lado.

En lo ahondarnos,
en apagar el yo
y conocernos en la oscuridad.
Esa ceguera que nos permite crecer
abiertamente en la nada,
dar el primer paso hacia nosotros.

Somos sólo pasar.
Confusión de lo oscuro
de una parte del universo.
Breve lluvia que penetra en la grieta del tiempo.
Letargo, polvo,
impulso hacia la caída.
El lado más cercano del olvido.

Confundido, ebrio de luz
que atraviesa este atávico cuerpo.
Secas las cuencas, atrapados los huesos,
me deslizo en el barro hasta desaparecer de mí.

Amanezco de una noche distante
próximo al recibimiento,
a la extirpación de la herida.
Amanece como tiene obligación
de esconder un pestañeo la mirada,
una culpa.
El movimiento y la espera
acaban por derruir el tiempo de pérdida.
La palabra vuelve a la carne.
Entre la luz y la ceguera está todo.

Cielo de mármol
y perpetuo tiempo.
Cadena de piedra y tierra,
de grandes soledades,
de oscuros cristales
de llorada lágrima en esta noche
que se prolonga
hacia el largo encuentro,
a la brecha de mis ojos
entreabiertos de ausencia,
sin encontrar la respuesta,
siendo duda,
ardiendo mi vida en sombra
como lejana pregunta,
como hueso roto.

Antes de que existieran los nombres
nos llamábamos iguales.
Luego, cuando nos señalamos,
comenzamos a diferenciarnos,
a ser distintos,
lentamente a extinguirnos.

Ser.
Eso lo único que se es,
lo que responde a lo natural,
a esa imperfección del mismo ser.
Ser,
ser nada,
esa es la grandeza no la debilidad.

Como cada gota de agua
                tiene su lluvia,
cada quién
                tiene su salvación.
El mar
                tiene caminos,
y al llegar,
sólo al llegar,
enorme lejanía.

(…) Enterradme con justicia y verdades.
Enterradme aquí mismo,
que no escape de la herida.
Aplastad mis huesos con firmeza
y el fracaso de vuestros pies.
Acercaos al tiempo,
al espejo donde no me repito,
donde ahora descanso
y bebo el agua
de un nuevo y despertado día.

Fragmento del poema "Hilo de viento"

Me miro en el espejo
y ya no estoy.
Ahora el espejo
está dentro de mí,
soy el espejo, mi propio reflejo.
Luz, búsqueda, decadencia y olvido.
Y ya no estoy,
pero está
el recuerdo antes del olvido,
la aceptación antes de la decadencia,
el crecer del alma antes de la búsqueda,
y la luz,
…¿Qué hay antes de la luz?

Y ahora queda por andar como levitando
el angosto camino de fuego y ceniza,
la pequeña resurrección de la carne
envuelta en leve espíritu.
El milagro de lo que desconocemos,
la vida última,
el nuevo estar presente.

En mi vida inacabada
insomnio de repetida muerte.
Madrugadas girando en silencio
sobre el tallo inocente de una flor.

Abrid un preciso hueco y mirad,
lejanas mariposas venidas de la sangre
me convierten en polvo.

A media tarde comienza la noche,
y embarcado
en profunda miseria de pensamiento,
la soledad se adueña
de lo que aún queda de mi vida.
Histeria y llanto
en el interior de la piel que habito.
Y mientras recorro el tiempo vacío de esperanza,
aún queda la duda
del que pasivo viaja desnudo,
sintiéndose aludido por la mirada.

(…) Me busco en la parte más extraña de mí
y aparezco distante,
como sacrificado.
…Y amanecemos,
que es como morir con luz,
separados, inconsolables e interminados.

Fragmento del poema "Me acuerdo de ti"

Voy conociendo a quien habita en mí,
quien susurra a la debilidad.
Voy acercándome levemente,
tocando su carne sin dañar mi piel,
queriendo compartir una noche
para que amanezcamos siendo principio,
siendo lo que no se ve.

No hubo respuesta,
ni hubo tiempo,
quizás un breve recorrido sobre el alma,
un distinto resplandor del alba
acariciando mis ennegrecidos rincones.
Un mayor silencio,
casi una plegaria de resurrección,
donde la luz interior se resiste
a la vulneración de la materia,
al caos de la matriz.

(…) Cae la noche al abismo del amanecer.
Mis entrañas nutrirán la tierra del destierro
ante la inminente llegada
del murmullo y el olvido.

Fragmento del poema "Sin ruinas en los ojos"

Por si tiene memoria y recuerda
el lugar del que nació,
bajo mi mesa de madera
siempre dejo un puñadito de tierra.

Recordar el pasado
es un intento de acercarnos al comienzo,
de acogernos a lo que fuimos.
Una forma de silencio.

En la llaga entreabierta de la noche
dormita el encuentro con el silencio.
Breve momento que lo eterno nos ofrece.

El silencio es una ventana abierta
desde la que podemos respirar
nuestro mayor y más hondo
estado de necesitada soledad.

Levantar la mirada y abrir los ojos
sólo con luz que deslumbra,
es dar oscuridad a nuevas posibilidades.

Olvidar la palabra.
Mirar a la verdad y sentirla crecer.
Despojarnos de ese alguien que nos retiene
para ser lo de después.

En calma ofrecernos al camino
sin cuestionar dolor o fracaso,
es envejecer aceptando la herida.

El dolor hace que transcendamos.
Es silencio, apertura.
Ceniza y no herida.
Disculpa
        recibimiento
lenguaje
        latido.
El dolor es respuesta.

Buscar, conocer otra perspectiva,
otro entendimiento de lo cercano,
de la forma natural que nos sumergimos
meramente en lo habitual.
Buscar, atreverse a conocer
distintas imágenes, distintos sonidos
que nos ayuden a percibir lo esencial,
aquello que permanece
sin abandono ni transformación.

Hay un punto de partida y otro de llegada,
lo que sucede entre ellos es impredecible,
no alcanzando a descubrir
                    las cosas que no entendemos,
a desconfiar de la sombra que nos confunde.
Mi lenguaje son cristales
                    en los que se refleja la oscuridad.

Aquello que miro,
lo que aún no se ve.
Todo un mismo todo
envuelto en sí mismo.
Lo que oye sólo lo transcendental.
Tiempo, acuerdo, espera.
Sitio, encuentro.
Dejo de pensar y soy.
Ver no es caminar,
ser camino es todo.

Quién soy yo,
sino mi propio encuentro.
Puñado de tierra,
soplo de aire,
agua en corriente hacia mi subterráneo.
Quién soy yo,
yo no soy nadie
sólo pura casualidad.

Se abre la tierra,
en mitad de ella un sacrificio.
Yace latente
como una estrella o un relámpago,
como un presagio inscrito en la memoria,
olvidado cuando nos olvidan.

La palabra es lo que queda.
Aquello que acepta,
lo que me salva.
La palabra es lo que tengo.

Nada hay como regresar sin saberse,
como ser otro alguien comenzando a ser.

Atardeceres robados al día,
secretos que ocultan al sol
y siempre dejan luna,
fina lluvia de luz
que levemente nos traspasa.
–Hay un río de soledades en todo ello–.
Ese muro de mis ojos,
lo oscuro con idea de perdurar
en ancho silencio.

Cómo negarme a mí mismo,
a quien fui, quien soy.
Cómo olvidarlo.
Cómo a través de mis propias acciones
no reconocer la equivocación y,
creer en el destino que depare la voz
de mis propias palabras.
Cómo no cruzar el espacio
que separa lo real de lo que desconocemos.
Cómo aprender a diferenciar.
Cómo y dónde buscar respuestas a preguntas
olvidadas por la ausencia de la razón.
Cómo no aceptar que soy culpable
de todos mis años,
y que el polvo que levanto en mi caminar
será vuestra herencia.
Cómo deciros que el mundo no se para
y que por ello moriré,
porque hubo un día, un instante
que todo abandoné.

Cómo explicaros
que la materia en la que nos convertimos,
esculpida de la nada,
gris, blanca o puede que amarilla,
se desliza y posee lo que hemos sido
entre sombras que levemente nos sujetan.
Cómo enseñaros ahora a perseverar,
a volar sin alas que os sujeten,
a no pronunciar mi nombre,
a quemar mis retratos.
Cómo pediros
que con vuestras propias manos
excavéis la tierra que tanto amé,
y que dentro de ella arrojéis mi ausencia,
y os marchéis del lugar
colmados de olvido.

Sentirlo en avanzado estado de pureza,
en calma y creación
de lo más alto e infinito.
Mirar sólo por placer
lo que ya no está.
Cada nueva noche es otra oportunidad.

Ha crecido una muerte en mí,
la calle larga de los días espera en silencio.
Abro mi pecho de atardeceres
y hay soledad en la luz.
                    Extraña sensación
                        de haber sido
                    y no recordar,
                de no pertenecer.

Pronto olvidamos
que todos nacimos a tientas,
y que la verdadera luz
no es la que deslumbra,
es esa luz,

                 la que nos ilumina dentro.

Aguardando aquello que en breve tendrán
acogen toda la luz que cabe en una vida.
…Miro mis manos,
que como pequeñas aves
se hicieron mansas
ante el mar de lágrimas de su migración.

Queda de mí
la sal que fue modelada en arcilla y oración.
Una cruz de ceniza desvaneciéndose en el aire.

Sobre mis ojos,
ahora barro,
cicatriz de una dentellada,
se esculpen temblorosas lágrimas.

He visto el cielo,
ya todo lo demás parece
            tan pequeño,
            tan falta de verdad.

Y es después
de tan largo tiempo y entrega
cuando regresamos al latido.

El cielo es un camino más
ofreciendo posibilidad al descanso,
serenidad al alma derrotada.
Hay en el aire una sensación,
un poder de nostalgia,
un tiempo de hambrienta lluvia
entre manos que desaparecen.

El incienso llenó la casa,
lugar que ahora ocupan los desconocidos.
Sobre mi vida y mi muerte
el silencio de una voz callada que suena
más alta, más profunda, más etérea
sobre mis palabras despobladas.
¿Quién me duele dentro?
¿Cómo sé dónde he de vivir?
…Pérdida.

Aparece la noche,
y en la oscuridad de la habitación
la soledad de mi almohada.
Nunca antes,
la sombra de una noche
rasgó tanto un alma
y vistió la casa con piel de miedo.
Lloraba,
y el mismo llanto era un grito,
un desespero.

Nostálgico,
visitó hoy mi jardín un nuevo otoño,
las primeras hojas que fueron olvidadas,
desahuciadas de la verde vida.
Tierra de entonces que os acoge
en su lecho de olvido,
vinisteis a ella a morir deprisa,
antes de la noche moribunda de luciérnagas.
Ahora pensando como yo pienso,
sintiendo lo que yo siento,
me pregunto:
¿Qué significa para ustedes morir?
¿Qué es esta materia a la que pertenezco,
que lo es todo y todo lo sujeta
invisiblemente con hilos de luz?
Si es necesario, inventaré un lugar,
y os acogeré bajo la bondad
del que hasta ahora os fue desconocido,
paciente y enamorado de la soledad deseada,
esa soledad,

de la que hoy os hablo,
en la que a veces me encuentro
con la segunda muerte,
la del olvido.
Tantas veces que vi morir
a la misma hoja,
al mismo llanto y hombre,
a veces, no se diferenciarlos.
Indeciso, extraño,
hoy me levanté,
envuelto en pensamiento repetido
y sin luz,
-Ya no soy la misma luz-.
Se incendian las manos
y la memoria no aparece,
os lo digo yo, que envejecí
y mis labios no fueron capaces
de recordar su nombre,
como de este árbol la rama,
y de ella
su última y melancólica hoja,
que humilde puede descansar ahora,
si quiere, al morir también la palabra.

Como tantas veces has vuelto hoy.
Enmudecida te quedas a mi lado,
y al poco comienzas a desplazarte
de mi cabeza a mis pies
y de mi sombra a mis ojos.
Midiéndome,
como si no supieras la suma
de mis años por mi dolor.

Derrumbado en la tierra
donde los heridos sucumben,
como si la esperase toda la vida
escondido en mi propia muerte.
Muerte lenta que atrapa el miedo
de morir en fría y olvidada ceniza.
Cavo mi tumba de soledad al recordarla,
mientras sospecho que he muerto,
y es cierto que voy quedándome sólo.
¿Cómo se hace para vivir una vida vacía?
Quizá no sepa que el encuentro que no llega
y acata la orden del destino,
bajo sonrisa póstuma,
sean días de ayer,
mientras veo crecer el momento
que sin reparo,
sigue desterrando vestigios de un viejo amor
o estigmas en el corazón.

Primera parte del poema "Días de ayer"

Bajo los fanales que incendian
cada lugar de esta profunda herida.
Bajo amargas lamentaciones
por naufragar en caídos rincones.
Bajo la mano que sostiene la promesa,
la llave del encuentro con las verdades.
Bajo la piedra encendida.
Bajo la raíz oculta.
Bajo el suspiro que niega el aliento
a los ojos de la vida.
Bajo la razón de regresar al paso cansado,
a esa única verdad del camino.
Bajo atenta mirada del pensamiento ciego
que atraviesa la solitaria estancia
en aprendido silencio,
arrastrando rotas nervaduras.
Bajo todo manto de luz y piel
siempre habrá una entrega de lo que tuvimos,
siempre alguien,
aguardando para ser quien fuimos.

He cruzado océanos
en busca de un mar de silencios.
He venerado aquello
que llegado el momento
se nos entrega obligado.
He transitado por la vida
y acariciado el cielo
a la velocidad de un suspiro.
He permanecido expulsado de los días
y ahora aquí me encuentro,
ascendiendo a un nuevo nombre.

Una vez perdido el pasado
               queda silencio que mata lentamente,
                    humo de una hoguera gigante.

En toda oscuridad existe un miedo
que arrastra y pesa.
En todo miedo un latido
que apaga, y nos devuelve.

Cerraré la casa
y enterraré el amor.
Y vacío de sueños
en pleno aislamiento de la razón,
con labios castigados por el silencio,
derramaré la ausencia de tus palabras.
Así, sin más,
como si no te conociera,
como si nunca
hubieras habitado en mí.

(…) Sé que pronto he de cruzar el umbral
y regresar a la luz
como cuando los hijos regresan,
atraídos hacia la memoria.

Fragmento del poema "Mi casa está enferma"

Esa extraña sensación
de estar siempre en el mismo lugar,
observándome,
esperando un momento,
un porqué.

Todo aquello a lo que nos acogemos,
a lo que regresamos,
todo es abrazo y lugar.

Mientras duermes,
puedo acercarme al universo
que gira sobre nosotros.
Busco el abrazo, perderme en ti, decir tu nombre.
Me gusta cuando te miro y callas,
respirar el beso.

Sobre la última luz de la noche
queda un recogimiento
de las palabras, de las gentes.
El abismo de un suspiro
escondido tras del tiempo.
No es la derrota del día
es el camino, la conjunción
a la que llamamos destino.

La última palabra,
la que cierra todo.
Es abrazo que acoge
al acabar el diálogo.
Terapia y calma.
La última palabra,
ese comienzo
para escuchar al silencio.

Silencio;
grieta en la que introducirnos
                    a
                    la
                    raíz.
Distancia de nosotros.
Lugar para el encuentro.
Apertura al conocimiento.

La luz que no se ve acuna
el amplio horizonte de los días.
Naufragio de lenta calma
que exculpa al deterioro existente
en nuestro interior.

Desterrado a la hondura del tiempo
seré soplo de muerte,
húmedo hueco
donde alojar el cansancio.
Un pequeño respiro
que comienza a penetrar en la carne.

Oculto en la noche
en mis cerrados ojos
veo tu rostro.
Y tu nombre,
escribo en las paredes de mi tumba
que día a día
entierran mi vida.

Fue ilusión, luego madre.
Yo, como apartado,
recluido al empuje de su cadera.
Hoy me miras,
cuando ya no somos
nada, nosotros,
y reconoces en mí
tu mano caída de arado tiempo.

(…) Cabría más sufrimiento
en el interior de la piel,
más ansias de luz en la mirada,
cuando al verte oculto la palabra
y tiemblo en leve sonrisa.
-Un instante que bien podría ser
otro año que se pierde-.

**Fragmento del poema
"Hablo de ti como algo lejano"**

Ya se pierde el nombre,
y mis manos, enraizadas,
apretadas a la tierra
donde crece el musgo
con sed de memoria.
Donde sentado
a la orilla de tu cadera,
tiempo atrás,
tan junto a tu labio que fue beso,
y tan de repente,
murió el niño en tu desnudez
y fui hombre.
Ya sc pierde el nombre,
y se deshojan las ramas del alma
que arden como materia desechada,
como lugares
llenos de vientres y de ojos,
y de lágrimas y de seres
que quedaron en acunados recuerdos,
aunque me acompañen

al abismo de lo acabado
en oscuros vagones de afilados vientos.
Al repique de campanas
mientras desaparecen las palomas.
A la belleza de esta luz
que podría decirse
que es de otra primavera.
Al extremismo de la libertad absoluta.
A la lengua del infierno
mientras me ofrezco
anunciando sin corona de flores,
liberando al ave que enferma de mí,
busca tierra nueva
en bosque alejado.
Ahora que tarde aprendemos
y egoístas mis ojos que te contemplan,
que te miran con el deseo de tantos años,
que te ven como mujer.
Ahora esbozaría el último verso
que quedara en mis labios,
aunque siga preguntándome:
¿Para qué sirve un poeta?
Pero si cruzada la puerta
de la pérdida de mi nombre,
decido que me enterréis.

Enterradme
entre zarzales de racimos generosos
y maduros frutos,
y que los pájaros me encuentren
así como entregado,
ofrecido mi hueso a su espina.
Enterradme
hondo y vertical,
en tierra fértil
junto a una azul jacaranda,
y creceré limpio,
dorado como trigo
envuelto en nueva luz.
Enterradme
en orilla infranqueable,
donde descalzo se ha de volver
a derramar la lágrima,
que seca,
a la raíz caerá.
Enterradme
como se entierra
una mentira o un adiós,
sin memoria ni delirio.
Enterradme
sin vestimenta adecuada,
mi ropaje,
será el silencio de mi boca.

En la luz de la tormenta
está nuestro principio.

Cerrar los labios
y conseguir lo infinito
de la memoria.

Si has de darme,
dame aquello
que en mis días será reflejo.
Dame recuerdo y encuentro,
lo necesario para crecer
dentro de un pensamiento.

No el despertar con luz,
pertenecer a esa luz,
serlo por el hecho de ser.
No pensar, ser pensamiento.

Durante largo tiempo
una misma mañana me vive,
una sensación
de que el aire que queda me respira,
un recogimiento extraño.
Hay una entrega de silencio,
un alguien que no es,
un algo que está en todo.

Conozco amaneceres
que surcan el tiempo
entre su silencio y mi desierto.

No es herida sólo ausencia.
Desgarro y exilio de la carne.
Latido, edad.
Callar sabiendo que el silencio es liberación.

Siendo de piel fina
los sentimientos menos profundos se derraman,
quedando esparcidos
sobre la fría vestimenta que me camufla.
…Hablo de mi sombra,
ahora que hablo de algo.

Sobrevive lo que transciende,
lo que miramos desde la objetividad,
todo aquello que necesariamente
responde con inquietud
a la manera de afrontar
el vacío del no estar.

Más allá del entendimiento,
de nuestra manera de creer.
Más allá de todo resumen,
de cada lamentación
en este mar de ondulaciones.
Es algo más lejano aún,
es el principio,
acercarnos a lo oscuro de la luz
sin sentirnos perdidos.
El vaciarse de nosotros.

(…) Si estas palabras
son las memorias de un eterno olvido,
si son las que preceden al silencio
de un definitivo adiós.
Atadas en mi pecho cual parte de mí,
de mi existencia,
de mi descanso profundo.
Abriré su jaula de negra luz
y dejaré que se liberen
como pájaros en la mañana,
como peces en el océano de mi vida.

Fragmento del poema "Atadas en mi pecho"

Vuelan las cenizas,
queda la derrota,
el fracaso de la vida.
Vuelan hacia atrás,
hacia la lágrima de un niño.

Calma para vencer al tiempo.
Murmullo sin llegar a ser palabra.
Ver sin mirar.
Sólo de un hilo penden los sueños.
Todo es luz.

Sobre rocas de un mar de silencios
mis palabras se golpean
sin encontrar camino.
–Algo parecido
a como juega una pluma con el aire–.

Estar dentro de la oscuridad y ser luz,
blancura para llegar a ser.
Ser principio.
Amanecer sin necesidad de la palabra.

Sobrevivir no es estar,
sino ir queriendo ser.

En la oscuridad
existe un silencio
que nos abre camino.

Un parto sin mar en su retina.
Un desierto con bordes desiguales.
Un minúsculo dibujo
de lo que pudo haber sido.

El silencio,
río de pretensiones de largo cauce
recorriendo cada márgen
como forma de crecimiento,
como manera de expresión.

De lejos, vienen de lejos,
se desprenden como astillas de perdido fuego
fugaces pájaros de luz.
Alzo la mirada a lo oscuro
y hurgo en la remota hendidura del tiempo.

No sólo es lluvia lo que cae,
lo que moja es tiempo, lentitud,
luz ofreciendo inmensidad.

Aún queda luz oscura
no dejando ver el ancho de la realidad.
Un sol que casi no amanece
y a pesar de ello está dentro de mí,
dejándome ver figuras aún sin curvas,
dejándome ver lo que no ha sucedido.
Como un conocimiento en fermentación,
sin nada de vida y vivo de nuevo.

Cae la noche
y miro en el interior de su oscuridad.
Dentro de esa ausencia soy algo,
camino y blancura que se extiende,
sensación de ser.

La vida espera vida,
como comienzo lo acabado,
como recuerdo espera el olvido.
La vida espera vida,
luz que abra a mis ojos.

Siempre hay una extrañeza,
un no saber
el instante que acoge lo breve,
arrancando silencio
donde queda grito,
esparciendo mirada
donde hay destello.
Siempre una sospecha,
un acuerdo a medias,
un vacío
que completa cada ángulo
de esta certera cicatriz.

Resguardarse de la lluvia
cuando debajo de ella,
todo es amparo y camino
hacia el encuentro con el silencio
que nos descubre.

Cuando se lanza una piedra
alcanzando su destino.
Como el pájaro que encuentra su rama.
Como cada forma que ha sido construida.
Hay vientos que regresan.
Luces apagadas que iluminan.
Miradas… ċuántas miradas que se perdieron
en la dejadez del asombro
y vuelven desde lo más alto del horizonte.

Se crean palabras
donde debiera crecer silencio.
El silencio es el fuego
que en las adentradas noches
compartieron leña y hombre.
La realidad de la oración frente a la piedra.
La ausencia de herida.
El encuentro con el conocimiento.

Hay un mundo que no alcanzo a ver.
Días de lugares vacíos
donde si marcho o regreso
nadie pregunta.
Si lloro, sólo quedan nombres muertos.
El silencio es un pájaro que vive a mi lado
y no me acostumbro a su presencia.

Agradecimientos

A José Jesús Cabrera Ortiz, por su buen hacer para la corrección del texto.

A Héctor Jaime Sandoval Urbano, por su sincero y reflexivo prólogo.

A Carmelo De La Torre López, por realizar la ilustración que embellece el interior de este libro.

Doy las gracias como si abrazara a alguien que amo.

Índice